EINFACH NACHHALTIG
mit
WENIGER AUFWAND

FEHLDRUCK

Mehr als 40

minimalistische Ideen

und Rezepte für

Haushalt, Schönheit & Genuss

Isa Broxvall

Für meinen alten Schweden

1. Auflage

Selbstverlag, München

ISBN: 9798333421463

Independently published

Inhaltsverzeichnis:

Vorwort 11

Schnelle Rezepte: 13

Nudeln 13

Hefebrot 16

Hefeteig (mit Sojamilch) 19

Basisrezept Plätzchenteig 20

Tortenboden und Kekse ohne Zucker 22

Veganes Basisrezept: Kuchen 23

Veganes Selbstgemachtes: 25

Sojamilch 25

Hafermilch 30

„Wurst"-Salat vegan 31

Resteküche: 34

Breadpudding 34

Pfannengericht „Arme Ritter“-Style 35

Brotsuppe mit Einlage (und tiefgefrorenem Käse) 36

Auflauf-Tipps mit Resten 37

Gebratene Karotten 38

Resteverwertung mit dem Tiefkühlfach: 39

Was man einfrieren kann und was man damit macht: 39

Smoothies 40

Frucht-Joghurt 40

„Gerettete“ Marmelade 41

Geschenke selbstgemacht und Zero Waste: 47

Chutney 47

Limes 48

Pralinen 49

Löwenzahnsirup 53

Sprudelbadekugeln 56

Tipps fürs Bad: 60

Zahnputzpulver 61

Deos-Stein 63

Deo-Spray 65

Für die Schönheit: 67

Aloe Vera 67

Rosenwasser 68

Eier-Haakur 69

Abschminköl 70

Gesichtspeeling – ganz schnell 71

Haarspitzen-Fluid 72

Roggenmehl-"Trocken"shampoo 73

Kaffeesatz 73

Ökologisch-rein: Wasch- und Putzmittel: 76

Zitronenschalen 76

Essigreiniger 77

Geschirrspülmittel 78

Waschpulver 79

Efeu für die Wäsche 82

Nachhaltige Alternativen schnell gemacht: 84

Taschentücher 84

Kuchentücher 86

Tragetasche aus T-Shirt 87

„Black"-Cycling 89

„White"-Cycling 92

Danksagung & Auf Wiedersehen **94**

Anhang: **95**

Rechtliche Hinweise 95

Haftungsausschluss 95

Impressum 97

Literaturtipps 98

Links 102

Platz für Deine Notizen 105

Vorwort:

Nachhaltigkeit als Selbstverständlichkeit?

Überall ist das Schlagwort Nachhaltigkeit mittlerweile zu hören.

Wir alle sollen und wollen nachhaltiger handeln, für das Klima, um die Meere vor Plastikmüll zu retten usw. Auch ich versuche, meine un-ökologischen Handlungen in Grenzen zu halten.

Deshalb habe ich in diesem Buch meine Tipps, Tricks und Rezepte zusammengepackt, mit denen ich versuche, nicht nur alles ein bisschen besser zu machen, sondern das Ganze auch noch schnell, einfach, super easy und mit Spaß!

Quasi aus Bequemlichkeit minimalistisch, liebe ich es, alles einfach und unkompliziert zu haben. Denn Minimalismus ist gar nicht so schwer.

Eigentlich geht es nur darum, etwas sein zu lassen. Also nicht noch mehr kaufen, alles immer neu und kompliziert und zeitaufwändig haben. Dinge einfach zu machen, weniger Dinge zu nutzen und zu kaufen. Alles aufbrauchen, das ist nicht nur Minimalismus, sondern auch nachhaltig und bequem. Und Zeit bleibt auch wieder mehr.

Einige meiner Ideen habe ich schon früher über meinen Blog und soziale Medien kommuniziert, aber ich wollte endlich eine gute Zusammenfassung all meines Wissens anbieten.

Das klingt vielleicht doch alles erst einmal kompliziert, aber wie gesagt, bei mir muss es auch einfach, schnell und locker gehen. Nachhaltigkeit ist vielleicht ein umständlicher Begriff, einzelne Verbesserungen im eigenen Leben aber sind eine simple Sache. Wir müssen gar nicht mit viel Aufwand alles ändern!

Wir können sogar gleichzeitig unser Leben entrümpeln, quasi minimalistischer alles angehen, wie Du bei meinen Koch- und Backrezepten und unter „Wasch- und Putzmittel" sehen wirst.

So, jetzt aber genug von mir. Jetzt viel Spaß beim Lesen und selber Loslegen!

Schnelle Rezepte

Wie gesagt, bei mir muss alles einfach und schnell gehen. Und auch komplizierte Zutaten, nach denen man sich auf der Suche die Hacken abläuft, sind gar nicht mein Fall. Deshalb hier meine Sammlung von easy-peasy Rezepten. Mit Zutaten, die einfach zu bekommen sind und auch größtenteils auf Vorrat gekauft werden können.

Nudeln

Als erstes möchte ich Dir ein wirklich pipi-einfaches Rezept für selbstgemachte Nudeln vorstellen. Ich habe es irgendwo in den Weiten des Internet einmal gefunden, und da ich eh gerne Brot backe (Rezept folgt auf Seite 14), musste ich es natürlich gleich ausprobieren.

Es ist wirklich super einfach und Du kannst jede Form von Mehl dazu verwenden, also alles was beim Backen und Kochen übrig geblieben ist. Am besten natürlich aus dem Unverpackt-Laden und in Bio-Qualität!

Du brauchst dazu nur eine Tasse, ein Backblech, einen Ofen und das Mehl. Und so geht's:

- 2 Teile Mehl und
- 1 Teil Wasser

gut verrühren und verkneten.

Abbildung 1: Die fertig geschnittenen und getrockneten Bandnudeln

Nimm doppelt so viel Mehl wie Wasser. Ich habe nur eine kleine Portion ausprobiert, und habe deswegen eine Kaffeetasse voll Mehl genommen und eine halbe Kaffeetasse lauwarmes Wasser.

Du musst einfach das Mehl mit dem Wasser verrühren, und es dann auf einem bemehlten Backblech möglichst dünn ausrollen. Dann schneidest Du den ausgerollten Teig in Streifen (s. Abbildung 1).

Jetzt den Ofen auf 50 Grad stellen und das Blech in den Backofen schieben. Wenn der Teig auf der Oberseite schon schön fest ist, versuchst Du mit einem Pfannenwender die einzelnen Nudeln-Streifen umzudrehen.

Unbedingt die Nudeln einmal wenden!

Jetzt nochmal genauso lange warten, bis auch die Unterseite fest ist. Wunderbar! Jetzt kannst Du Deine Bandnudeln in einen sauberen Behälter einfüllen. Ich habe dazu einen hohen Glas-Aufbewahrungsbehälter benutzt:

Abbildung 2: Nudeln luftdicht verschlossen lagern! Bei mir haben sie allerdings nicht lange überlebt. (s. Abbildung 3)

Die Nudeln kannst Du dann einfach genauso wie andere Nudeln kochen. Wie lange das dauert, hängt zum Einen davon ab, wie dünn Du sie ausgerollt hast (bei mir war es etwas dick, also nur Mut!) und zum anderen, wie bissfest Du sie möchtest.

Abbildung 3: Meine Vollkornnudeln haben super geschmeckt und waren sehr sättigend. Ein voller Koch-Erfolg!

Hefebrot

Selbstgebackenes Brot hat den Vorteil, dass Du genau weißt, was drinnen ist. Leider ist richtiges Natursauerteigbrot ziemlich aufwändig. Zum Einen muss man erst Sauerteig bekommen oder langwierig selbst herstellen und zum Anderen dann immer aufpassen, dass der Sauerteig immer noch frisch ist beim nächsten Mal Backen.

Wenn Du gerne einmal schnell und unkompliziert Brot backen willst, empfehle ich Dir einfaches Hefebrot auszuprobieren.

Du brauchst dafür:

- 500g Mehl (Du kannst normales oder Vollkorn oder ein Gemisch nehmen, aber nicht ausschließlich reines Roggenmehl, da Du auch glutenhaltiges Mehl brauchst)
- 1 Esslöffel oder 1 Päckchen Trockenhefe
- 1 Esslöffel Salz
- 1 Teelöffel Zucker
- 250 g Leitungswasser, so heiß wie es nur möglich aus der Leitung kommt, aber kein kochend heißes aus dem Wasserkocher!

Wie Du siehst, ganz einfache und nur wenige Zutaten!

Rühre alle trockenen Zutaten gut ineinander und füge dann langsam das Wasser hinzu. Dann den Teig in der Schüssel noch etwas kneten.

Jetzt den Ofen auf höchste Stufe stellen und während Du wartest bis er ganz heiß ist, lässt du den Teig abgedeckt an einem warmen Ort gehen.

Währenddessen kannst du schonmal eine Backform ausfetten, in die die gesamte Teigmenge gut hineinpasst. Es muss noch genügend Platz sein in der Form, damit das Brot im Ofen aufgehen kann.

Nach ca. 20 Minuten und wenn der Ofen komplett aufgeheizt ist, schiebst Du das Brot in der Backform in den Ofen und lässt es für 5 Minuten bei höchster Stufe anbacken. Dann reduzierst Du die Hitze auf 150 Grad und lässt das Brot so lange weiter backen, bis es ganz durchgebacken ist.

Abbildung 4: Hier die vier Zutaten im Überblick. Trockenhefe findest Du überall, wo es Backzutaten gibt - auch in kleinen Tütchen (wie Backpulver).

Jetzt aus dem Ofen nehmen und auskühlen lassen. Erst dann mit einem Pfannenwender oder ähnlichem aus der Form lösen.

Du kannst das Brot natürlich auch verfeinern, z. B. mit gebratenem Speck, Zwiebeln, Oliven, Gewürzen etc. ...

Deiner Phantasie sind keine Grenzen gesetzt!

Hefeteig (mit Sojamilch)

Hefeteig für Blechkuchen ist wirklich ganz einfach und der Kuchen wird mit Obst belegt echt lecker!

Du benötigst dafür:

- 500g Mehl (es geht auch Vollkornmehl)
- 1 EL oder 1 Päckchen Trockenhefe
- 1 TL Salz
- 80 g Zucker
- 80 g Butter oder Margarine
- 250 ml/g Milch oder Sojamilch

Alle trockenen Zutaten in eine Schüssel geben und gut verrühren.

Die Milch und die Butter oder Margarine in einen Topf geben und langsam auf niedriger Stufe erwärmen, bis die Butter/Margarine geschmolzen ist.

Dann das Milch-Butter-Gemisch in die Schüssel geben und alles verrühren. Nun den Teig abgedeckt ca. 20 Minuten ziehen lassen.

Danach den Teig auf einem bemehltes Backblech ausrollen und mit Obst belegen. Für einen klassischen bayerischen Zwetschgendatschi brauchst Du locker nebeneinander gelegt 30 bis 40 Zwetschgen.

Aber Du kannst natürlich den Teig auch anders belegen und noch Gewürze, Zucker oder Streusel darüber geben.

Das ganze wird bei 200 Grad im Ofen ca. 25 Minuten gebacken.

Basisrezept Plätzchenteig

Findest Du es auch so aufwändig, dass bei jedem Plätzchen-Rezept andere Zutaten in anderem Verhältnis benötigt werden? Und dann bleibt immer auch noch Eiweiß oder Eigelb übrig!

Ganz anders mit diesem Grundrezept. Hiermit kannst Du viele verschiedene Plätzchen herstellen und es ist auch noch ganz einfach zu merken.

Das Grundrezept lautet wie folgt:

- 250g Mehl
- 125 g Zucker
- 125 g Margarine
- 1 Ei
- evtl. noch etwas Vanillezucker

Aus diesem Teig kannst Du schon verschiedene Ausstecher machen, die Du mit verschiedenen Toppings belegst oder später mit Zuckerguss glasiert oder mit Nutella oder Marmelade füllt aufeinander setzt.

Außerdem kannst Du daraus Vanillekipferl machen, wenn Du vorher gemahlene Mandeln unterrührst und die fertigen Kipferl direkt aus dem Ofen in Vanillezucker wendest.

Auch mit Marmelade gefüllte Plätzchen lassen sich daraus herstellen. Hier werden dem Teig nicht gemahlene Mandeln, sondern gemahlene Haselnüsse nach Geschmack zugesetzt und Kugeln geformt.

Auf das Backblech legen und eine Kuhle mit einem Kochlöffel eindrücken. In diese Vertiefung kommt nach dem Backen die Marmelade Deines Geschmacks und Du kannst noch Puderzucker über die abgekühlten Plätzchen sieben.

Alle verschiedenen Formen von Plätzchen werden dabei bei max. 180 Grad im Ofen (am besten auf einem wiederverwertbaren Backpapier oder einer Silikonfolie) gebacken. Den Ofen nicht heißer stellen, damit nichts verbrennt!

Viel Spaß beim Nachmachen und selbst experimentieren.

Tortenboden und Kekse ohne Zucker

Möchtest du einmal einen kalorienarmen Kuchen oder Plätzchen backen oder hast du gerade keinen Zucker im Haus, ist das kein Problem! Mit diesem einfachen Rezept kannst du trotzdem leckere Kekse oder einen Tortenboden herstellen.

Du brauchst dazu nur:

- 300 ml Mehl (Achtung! Bitte wirklich das Volumen abmessen und nicht etwa 300 Gramm abwiegen!)
- 125 g Butter oder Margarine
- 1 Ei

Butter oder Margarine sollten weich sein.

Alles zu einem Teig verrühren. Für Plätzchen solltest du den Teig eine Stunde kühl stellen.

Den Ofen auf 200° vorheizen, Plätzchen formen oder ausstechen und auf ein Backblech geben. Für den Tortenboden den Teig in einer Springform ausbreiten.

Jetzt wird der Teig ca. 10 Minuten gebacken.

Den Tortenboden kannst du dann mit Apfelmus oder Früchten belegen und noch einmal in den Ofen geben und max. 25 Minuten weiter backen.

Wenn Du noch einen Rest des Teiges übrig hast,verwende ihn gerne als Streusel über dem Obst.

Veganes Basisrezept: Kuchen

Veganer (Schoko-)Kuchen aus einfachem Grundrezept:

- 400 g Mehl
- 4 Teelöffel Backpulver
- 250 g Zucker
- 250 ml Öl (geschmacksneutral) oder Margarine
- 350 ml Wasser
- Kakaopulver nach Geschmack

Du kannst auch den Kakao weglassen und Obst oder Nüsse oder Aroma, Vanillezucker etc. in den Teig geben.

Abbildung 5: Schnell und lecker, und der Phantasie sind keine Grenzen gesetzt, was dem Kuchen noch an Zutaten zugegeben wird.

Die Menge ist ausreichend für ein Blech, eine Springform oder Guglhupf-Form.

Bei 180 Grad Celsius ca. 40 Minuten backen.

Veganes Selbstgemachtes

Das vegane Kuchenteig-Rezept fand ich so einfach und praktisch, dass ich Lust auf mehr nachhaltige, da vegane Rezept-Ideen bekommen habe. Besonders gerne verwende ich neben dem Kuchenteig auch die folgenden Rezepte.

Sojamilch

Abbildung 6: Für die Sojamilch kannst Du einfach normale Milchflaschen zur Aufbewahrung verwenden. Vorher nur gründlich säubern!

Hast Du auch schon darüber nachgedacht, dass vegane Alternativen zu Tierprodukten nicht nur ethisch besser, sondern auch nachhaltiger sind? Mich stört dabei allerdings, dass alles in Plastik und Tetra-Packs verpackt ist. Deshalb mache ich mir meine Soja-"Milch" immer selbst aus Sojabohnen aus dem Unverpackt-Laden. Das ist nach ein- bis zweimal üben pipi-einfach.

Das Ergebnis ist in nur 15 Minuten hergestellt!

Abbildung 7: Zur Herstellung der Sojamilch brauchst Du einige Utensilien. Das meiste hast Du aber sicher bereits schon in Deiner Küche.

Du brauchst für die Herstellung:

- 1 bis 2 kleine Töpfe, einen großen Topf (ca. 5 Liter Fassungsvermögen)
- Sieb
- Kochlöffel
- Mixer oder Pürierstab
- Seihtuch/Passiertuch oder heiß gewaschenen weißen Baumwollstoff
- Wasserkocher
- Eieruhr (optional)

Abbildung 8: Nur 3 Zutaten: Deine eigene Sojamilch. Verwende sie statt der gekauften, in der Verdickungsmittel und alles mögliche andere steckt!

Die Zutaten sind:

- 100 g (6 – 7 EL) Sojabohnen
- 1 – 2 EL Honig oder anderes Süßungsmittel
- 1 Prise Salz (optional)
- Wasser

Du kannst auch eine vegane Alternative zu Honig wählen.

Die Sojamilch ist ganz einfach herzustellen:

Am besten hältst Du Dich genau an den Ablauf wie hier beschrieben, damit alles zur richtigen Zeit passiert und Du ganz fix fertig bist mit dem Kochen.

Also, los geht´s:

6 – 7 EL (100 g) Sojabohnen in einem kleinen Topf über Nacht oder von morgens bis abends mit Wasser (ca. 300 ml) bedeckt ziehen lassen.

Nach der Ziehzeit das Wasser abgießen.

Etwas Wasser in den großen Topf geben und auf höchster Stufe auf die Kochplatte stellen. Hier wird gleich die Soja-„Milch" gekocht!

1 Liter Wasser im Wasserkocher aufkochen.

300 ml frisches Wasser zu den eingeweichten, abgegossenen Sojabohnen gießen und im Mixer oder mit dem Pürierstab pürieren. Je feiner das Püree und je länger die Kochzeit, desto intensiver wird später die Milch schmecken.

Wenn das Wasser im Wasserkocher kocht, in den großen Topf gießen und das Soja-Püree hinzufügen.

Jetzt evtl. den kleinen Topf schnell ausspülen. Du brauchst nämlich später einen kleinen Topf zum Abseihen.

Schnell mit einem Kochlöffel bewaffnet zum großen Topf! Wenn das Wasser-Püree-Gemisch anfängt zu steigen, kräftig anfangen zu rühren und evtl. den Topf immer wieder von der Platte heben. Es läuft schnell über! Jetzt beginnt die Kochzeit von 10 Minuten. Dazu stellst Du Dir am besten eine Eieruhr. Weiterrühren und evtl. die Hitze etwas reduzieren.

Nach den 10 Minuten Kochzeit der ausgekochten Masse 1 – 2 EL Honig oder anderes Süßungsmittel und nach Geschmack eine Prise Salz zugeben und verrühren. Dann durch das Sieb mit Seihtuch abfiltern und in eine gut gespülte Milchflasche oder ähnliches abfüllen.

Am besten sofort in den Kühlschrank stellen. Fertig!

Die übriggeblieben Soja-„Brösel“ kannst Du weiterverwenden. Sie nennen sich „Okara“ und Du findest dazu viele Rezept-Ideen im Internet.

Selbstverständlich kannst Du auch nur einen halben Liter der „Milch“ herstellen. Sie hält sich im Kühlschrank nämlich meist nicht länger als eine Woche.

Hafermilch

Hafermilch ist eine besonders nachhaltige Milch-Alternative, weil die Flocken regional angebaut werden. Mandeln, Cashews und Soja haben einen viel weiteren Weg hinter sich. Außerdem ist die Hafermilch wesentlich schneller gemacht als die oben beschriebene Sojamilch.

Hier das Rezept für einen Liter:

- 1 L kaltes Wasser
- 50-100 g zarte Haferflocken (körnige sollten ca. 10 Minuten eingeweicht werden)
- 1 Prise Salz
- optional Süßungsmittel

Das ganze kurz im Standmixer oder mit dem Stabmixer mixen. Nicht zu lange, denn sonst wird die Milch wie beim Kochen von Hafer schnell schleimig.

Durch ein feines Sieb oder Passiertuch oder ein dünnes Geschirrtuch abseihen.

Die festen Bestandteile lassen sich noch zu Porridge verarbeiten. Wenn Du etwas mehr davon auf Vorrat lagern willst, kannst Du es auch einfrieren.

Hafermilch in einer gereinigten Flasche im Kühlschrank aufbewahren und bald verbrauchen. Solltest Du nicht so viel davon benötigen, stelle einfach nur einen halben Liter her.

„Wurst"-Salat vegan

Unglaublich wie schnell und einfach so ein "Wurst"-Salat selbst gemacht ist. Er besteht eigentlich nur aus drei Zutaten und schmeckt auch mit veganer Wurst super lecker.

Der "Wurst"-Salat ist ideal für die nachhaltige Brotzeit.

Zugegeben: Es hat sich eigentlich so ergeben, dass ich vegane Alternativen zu tierischen Produkten getestet habe. Von der „Wurst“ war ich pur leider nicht so begeistert. Deshalb habe ich dieses Rezept ausprobiert.

Zutaten:

- vegane Wurst
- vegane Mayonnaise
- Essigurken oder ein Stück normale Gurke und Essig zum einlegen.

Abbildung 9: Hier sind tatsächlich alle Zutaten vegan. Sieht trotzdem nach dem Original aus, nicht?

Und es ist wirklich total einfach:

1. Du schnibbelst vegane Wurst aus dem Bio-Mark in Streifen.

2. Du schnibbelst Essiggurken in kleine Schnitze. Dass geht wunderbar, wenn man einen Hobel mit entsprechendem Aufsatz hat. Wenn Du keine eingelegten Gurken zur Hand hast (so wie ich) nimmst Du eine einfache geschälte Gurke und legst die Schnitze ca. 20 Minuten in eine Schüssel mit Essig. Mir persönlich schmeckt diese Variante auch besser.

3. Evtl. selbst eingelegte Gurken abtropfen lassen. Dann „Wurst"streifen, Gurkenschnitze und vegane Mayonnaise vermengen. Nimm einfach von jeder Zutat soviel du willst, aber

beachte, dass das Gemisch wegen der Gurken noch etwas flüssiger wird, wenn es durchgezogen ist!

4. Im Kühlschrank aufbewahren und bald genießen, damit nichts schlecht wird.

Resteküche

Resteverwertung kann sooooo lecker sein! Hier als erstes mal ein kleines Beispiel zur Inspiration:

Abbildung 10: Mit Kreativität aus Resten gezauberte tolle Mahlzeit

Die leckeren belegten Brötchen habe ich noch im Ofen gebacken und den Salat mit Apfelstückchen und dem Rest aus einem Glas Hummus verfeinert.

Breadpudding

Für Breadpudding (engl. = „Brotpudding"), einer Art süßen Auflaufs, eignet sich trockenes weißes Brot ohne deftige Gewürze sowie auch trockene Kuchenreste.

Alles in Stücke schneiden oder brechen und in eine gefettete Form geben.

Je nach Menge und Geschmack Milch, Eier, Zucker und Vanillezucker verquirlen und über die Brotreste geben. Darüber noch Butter- oder Margarine-Flocken geben.

Bei 180 Grad im Ofen backen bis sich alles zu einer festen Masse verbunden hat.

Der Brotpudding wird warm mit Vanillesoße oder warmer Milch serviert.

Guten Appetit!

Pfannengericht „Arme Ritter"-Style

Du kennst vielleicht „Arme Ritter" bzw. „French Toast". Meist aber hat man nur kleine unansehnliche Stücke Brot übrig und nicht Brot- oder Toastscheiben in der für diese Gerichte brauchbaren Form.

Deshalb bekommst Du hier eine Alternative: Ein Pfannengericht, das die Idee etwas abwandelt.

Du nimmst altes, deftiges gewürztes Brot in kleinen Stücken und tauchst es in Milch bis es sich gut vollgesogen hat. Die vollgesogenen

Stücke gibst du in eine saubere Schüssel.

Nun kommen verquirlte Eier über diese Masse und Du vermengst das Ganze zu einer Art Semmelknödel-Teig. Dabei muss kein kompakter Teig wie bei den Semmelknödeln entstehen, denn die Masse wird einfach in eine heiße Pfanne mit Öl oder Butter gegeben und dann wie Kaiserschmarrn - mit mehrmaligem Wenden und Zerstückeln – gebraten.

Wenn du es deftiger willst, kannst Du noch Zwiebeln, Schinken oder deftige Gewürze zugeben.

Brotsuppe mit Einlage (und tiefgefrorenem Käse)

Falls Du große und richtig hart gewordene Stücke Brot hast, sind diese natürlich schlecht für die oben genannten Gerichte zu verarbeiten. Aber keine Sorge. Auch hier gibt es eine Möglichkeit, noch etwas Leckeres daraus zu machen.

Leg einfach das harte Brot über Nacht in Wasser ein. Am nächsten Tag einfach das nun matschige Brot mit Mixer oder Stabmixer pürieren.

Die entstandene Masse in einer Gemüsebrühe kochen. Dann noch mit Gewürzen Deiner Wahl abschmecken.

Du kannst zusätzlich noch Zwiebeln, Schinken und Knoblauch anrösten oder auch Gemüse kochen und dies als Einlage in die Brotsuppe geben.

Wenn Du willst, kannst Du sie sogar anschließend noch mit Käseresten (z. B. aus dem Tiefkühlfach - s. Kapitel „Resteverwertung mit dem Tiefkühlfach) im Ofen überbacken

Auflauf-Tipps mit Resten

Aber nicht nur Brot, sondern auch viele Reste gekochter Mahlzeiten bleiben gerne übrig.

Das kann Fleisch sein oder auch Reis oder verschiedenstes Gemüse. Kleine Mengen davon können tiefgefroren werden und später weiter verwandt werden.

Ich mache gerne einen Auflauf aus diesen Mini-Resten. Dazu schneide ich große Stücke klein, z.b vom Fleisch und schichte alles - abwechselnd trockenes und weiches oder flüssiges – übereinander.

Mit geriebenem Käse, Milch oder Wasser (worin Gemüsebrühepulver oder andere Würze aufgelöst sein können) und verquirltem Ei wird alles so übergossen, dass sich dieser Mix in der ganzen Auflaufform verteilt.

Vielleicht noch mit Käse und Tomaten oben drauf wird dieser Resteauflauf bei 200 Grad so lange im Ofen gebacken bis alles gut durchgebacken ist und eine angenehme Konsistenz hat.

Brot und Pizza lassen sich prima aufbacken! Brot kannst Du mit Butter oder Margarine bestreichen.

Beides wird jedenfalls mit Gemüse (direkt aufs Brot oder auf die Pizza) und Käse (obendrauf) so belegt, dass das wasserhaltige Gemüse die Pizza oder das Brot zuerst etwas aufweicht.

Das Ganze wird dann aber mit dem Käse wieder frisch und knusprig. Ich wähle dazu ca. 150 Grad als Backtemperatur.

Gebratene Karotten

Und nun ein kleiner Tipp zum Schluss: Ich weiß nicht wie es Euch geht, aber besonders Karotten werden bei mir trotz Lagerung im Kühlschrank schnell schrumpelig und weich.

Natürlich kann man sie genauso wie z. B. Salat in kaltes Wasser legen, aber hier ist ein Tipp, wie man sie sofort doch noch lecker zubereitet:

Du nimmst einfach einen Sparschäler und schälst die Karotte längs in dünne Streifen. Dann einfach diese "Karotten-Filets" in der Pfanne mit Olivenöl - oder für den asiatischen Touch auch Kokosöl – anbraten.

Ergibt eine super leckere Beilage!

Resteverwertung mit dem Tiefkühlfach

Es ist immer besser, wenn man Nahrungsmittel frisch verwendet, klar. Aber oft kommt einem Unvorhergesehenes dazwischen. Und auf langes Kochen hat man auch nicht immer Lust. Da ist es gut, wenn man ein Tiefkühlfach hat!

Und dieses ist umso energieeffizienter, je besser man es nutzt. Zwei gute Gründe also dafür, Essensreste - auch kleine - nicht wegzuwerfen, sondern tiefzugefrieren.

Was man einfrieren kann und was man damit macht:

Wenn wir Nahrungsmittel einfrieren, verändert sich deren Konsistenz, Nährstoffgehalt und Geschmack, doch es gibt viele Speisereste, die Du sehr gut einfrieren kannst, um sie später zu verwenden.

Ausgepresste Zitronenschalen beispielsweise sind ein gutes Putzmittel, das du im Tiefkühlfach haltbar machst. Genaueres dazu findest Du im Kapitel „Wasch & Putzmittel".

Ei, Sahne oder Weinreste können z. B. in Eiswürfelbehältern portioniert eingefroren werden, um dann später beim Kochen und Backen als Zutat verwendet zu werden.

Fester Käse (kein weicher oder Frischkäse!), Brot und gekochter Reis, sowie Gemüse verwendest Du bei den im vorherigen Kapitel vorgestellten Rezepten. Auch geriebenes Gemüse und essbare Blätter z.b. von Karotten und Radieschen kannst du als Gewürz in Suppen geben.

Hier hier noch ein paar spezielle Rezepte:

Smoothies

Verwende alles Grüne, also essbare Blätter, Gurkenstücke, grüne Paprika usw. in einem Smoothie mit anderen, am besten für dich leckeren Zutaten. So ist der Resteverwertungs-Smoothie nicht nur nachhaltig und gesund, sondern Du übertönst evtl. für Dich nicht so tolle Bitterstoffe mit schmackhafteren Zutaten.

Frucht-Joghurt

Früchte aller Art kannst Du nach dem Auftauen klein schneiden oder im Mixer pürieren, eventuell unter Zugabe von Zucker. Dann in ein Natur-Joghurt einrühren. So hast du dein eigenes natürliches Fruchtjoghurt ohne Zusatzstoffe und Du weißt genau, was drinsteckt.

„Gerettete“ Marmelade

Nachhaltig, „gerettet“ und super einfach und schnell selbst gemacht ist dieses Rezept.

Viele von Euch fragen sich vielleicht, was ich hier mit „gerettet“ meine, einige von Euch haben aber vielleicht sogar selber schon mal Essen „gerettet“.

Aber die meisten von Euch haben sicher schon einmal von Foodsharing gehört. Und genau da fängt die Geschichte meiner geretteten Marmelade an!

Bei einem Abendessen in meinem Nachhaltigkeits-Verein blieben ein paar reife Bananen und eine genauso überreife Kiwi übrig. Diese habe ich mit nach Hause genommen, obwohl sie echt nicht mehr sehr ansehnlich waren.

Ihr kennt das sicher: Richtig verdorben ist das Obst (oder das Gemüse) noch nicht, aber roh essen möchte man es auch nicht mehr.

Bei Gemüse ist das nicht so schlimm, da man es ja meistens eh kocht.

Gemüse kann man sehr gut einfach zu einer Nudel-Sauce verarbeiten. Ich habe das z. B. für meine selbstgemachten Nudeln von Seite 11 so gemacht.

Aber natürlich kannst du auch Obst kochen, nämlich wenn Du daraus Marmelade machst!

Ich habe jetzt schon öfter welche aus Beeren oder selbstgemachten Obstsaft mit dem Obst aus meinem Garten gekocht.

Es ist wirklich ganz einfach: Du brauchst einfach das Obst oder den Obstsaft, vielleicht noch ein paar Gewürze und Gelierzucker.

Das Geheimnis deines Marmeladen-Erfolgs ist dabei der Gelierzucker in der für dich richtigen Variante.

Gelierzucker gibt es nämlich in 3 Versionen:

- 1 + 1 (Eins plus Eins) bedeutet genauso viel Gramm Zucker wie Gramm Obst,
- 2 + 1 bedeutet doppelt so viel Gramm Obst wie Zucker und
- 3 + 1 dementsprechend dreimal so viel Obst wie Zucker.

Das heißt also, je höher die Zahl vorne ist, desto weniger Zucker hast du und desto weniger süß, dafür aber fruchtiger wird deine Marmelade!

Ich nehme am liebsten den 3 : 1 Zucker. In diesem Falle hat mein Rezept so ausgesehen:

- 1 kleine überreife Banane (ungefähr so groß wie eine halbe normale Banane),

- 1 überreife Kiwi und
- der Saft einer halben Zitrone.

Der Zitronensaft ist immer eine gute Sache, die man dem Marmeladen-Rezept beigeben sollte, da er den Gelier-Effekt unterstützt. Außer bei von Natur aus sehr saurem Obst, das keine zusätzliche Säure benötigt.

Diese Zutaten püriert man einfach und falls Bananen mit verwendeten werden, sollte noch etwas Wasser dazu gegeben werden, weil das Püree sonst zu dickflüssig ist.

Die Mischung wird dann gewogen und im richtigen Verhältnis Zucker zugegeben. Bei 1:1 Zucker also genauso viel Zucker, bei 2:1 die Hälfte an Zucker und bei 3:1 ein Drittel des Gewichts an Zucker.

Die Mischungsverhältnisse für Püree bzw. Saft und Zucker stehen aber auch immer auf der Zucker-Verpackung und man verfährt immer wie oben beschrieben.

Wenn Du nicht genügend Obst(saft) für die ganze Packung Zucker hast, musst du einfach den entsprechenden Prozentsatz des Zuckers nehmen.

Wenn Du alles schön verrührt hast (die Masse sollte kalt sein, also maximal Zimmertemperatur haben), dann gib alles in einen Topf und lass es aufkochen. Wenn das Gemisch anfängt zu „blubbern“, beginnt die Kochzeit!

Wichtig! Wenn's anfängt zu blubbern, immer fleißig rühren!

Meistens dauert diese 4 Minuten, also sehr kurz. Du solltest unbedingt dabei kräftig rühren damit nichts anbrennt oder deine Masse überkocht.

Abbildung 11: So sieht es aus, wenn die Marmelade "blubbert".

Du kannst nach ca. 3 Minuten den Gelier-Test machen: Lass die Masse am Kochlöffel abtropfen, und wenn der letzte Tropfen fest wird, ist die Marmelade fertig zum Abfüllen.

Ich verwende dazu in der Spülmaschine gereinigte Schraubgläser. die ich entweder bei 100 Grad Celsius im Ofen sterilisierc oder voll kochend heißes Wasser fülle.

Die dazugehörigen Deckel auf keinen Fall in den Ofen tun! Lege die Deckel in einen Kochtopf voll Wasser und lasse das Wasser aufkochen, oder lege sie in ein Gefäß und schütte kochendes Wasser darüber und stecke noch eine saubere Gabel dazu, um die Deckel nachher gut rausholen zu können. Denn so ist die Gabel auch gleich mit sterilisiert.

Wenn die Marmelade fertig ist, schütte das Wasser aus dem Glas bzw. hole die Gläser aus dem Ofen (Handschuhe nicht vergessen!) und fülle die Marmelade ein.

Abbildung 12: Die fertige und schon halb weggeschlemmte Marmelade

Dann hole den Deckel aus dem Wasserbad – dazu brauchst Du die Gabel – und verschließe damit das Glas. Geschickterweise lässt man dabei die Ofenhandschuhe an.

Am besten drehst Du jetzt das Glas noch um und stellst es für eine Minute auf den Deckel, so kannst Du Dir am sichersten sein, dass Dein

Glas steril bleibt. Beim Abfüllen aber unbedingt Ofenhandschuhe tragen, wenn Du das heiße Glas anfasst!

Tadaah! Fertig ist der nachhaltige Frucht-Aufstrich! Dank des Zitronensafts wird er auch nicht nachdunkeln.

Die Kiwi-Bananen-Zitronen-Marmelade („Ki-Ba-Zi") auf dem Foto erinnerte mich etwas an Gläser mit Babynahrung, aber sie schmeckte echt lecker. Probier's also einfach selber mal mit etwas matschig gewordenem Obst aus.

Hast Du (auch kleinere) Reste von Äpfeln, Weichkäse, Wurst, Nudeln, gekochten Eier oder gekochtem Gemüse?

Dies lässt sich alles nicht gut einfrieren, aber in einem gemischten Salat kann es in kleinen Mengen sogar eine pfiffige Zutat sein.

Probier es einfach aus!

Geschenke selbstgemacht und Zero Waste

Was gibt es besseres für Nachhaltigkeit-Freaks als selbstgemachte Geschenke, verpackungsfrei oder zumindest in Recycling-Material verpackt?

Hier einige Rezept-Ideen für Euch, die sich bei mir bewährt haben.

Chutney

Chutney ist eine indische Spezialität, die Du wie Marmelade aus Früchten zubereitest, mit dem Unterschied dass Du noch Essig (Menge nach Geschmack) und deftige Gewürze aus der indischen Küche wie Nelken, Kreuzkümmel oder auch gedünsteten Knoblauch und angebratene bzw. glasierte Zwiebeln hinzufügst.

Ich berechne dabei die Zutaten wie für eine Marmelade ganz normal und bereite aus den anderen, deftigen Zutaten getrennt eine Masse in der Pfanne zu, die ich dann fertig dem Kochprozess der Marmelade beifüge.

Dann wird das Chutney wie bei der „geretteten" Marmelade beschrieben steril abgefüllt.

Für erste Versuche kannst Du zuerst nach Rezepten im Internet suchen. Nach und nach entwickelt man dann einfach selbst seine persönlichen Kreationen.

Limes

Limes ist eine likörartige, fruchtige und dickflüssige Mischung mit Wodka. Besonders der Erdbeerlimes war in den 90er-Jahren sehr beliebt.

Da ich in meinem Garten sehr viel Rhabarber und viele Äpfel habe, habe ich auch einiges davon zu Limes verarbeitet. Das Prinzip ist ziemlich einfach:

Man stellt durch Pürieren oder Kochen <u>und</u> Pürieren von Früchten die Grundlage her. Dazu kommt noch Zitronensaft, Zucker und eventuell Wasser, je nach Konsistenz des Pürees. Denn dies ist ja abhängig davon, ob Du sehr wasserhaltiges Obst wie Trauben, oder trockeneres Obst verwendest. Bedenke aber auch, dass noch Wodka hinzugefügt wird und das Ergebnis dadurch noch an Flüssigkeit gewinnt.

Die Masse aus allen Zutaten außer dem Wodka muss noch einmal ca. 5 Minuten in einem hohen Kochtopf gekocht werden, um sterilisiert und damit länger haltbar zu sein.

Zum Schluss den Wodka in die noch heiße Flüssigkeit direkt in den Kochtopf geben. Der Wodka selbst ist aufgrund des hohen Alkoholgehalts „steril“ genug.

Nimm so viel Wodka, wie Dir beliebt und Du Alkoholgehalt haben möchtest. Ich empfehle allerdings maximal halb so viel Wodka wie Obstpüree.

Zum Apfellimes kannst Du auch Zimt oder Nelke zugeben. Er schmeckt dann warm besonders lecker!

Pralinen

Und noch ein Selbermach-Geschenke-Tipp zum Thema „Zero Waste“.

Abbildung 13: Fertige Pralinen in Herzchen-Form

Ich habe für einen Freund Pralinen selbst gemacht. Die Zutaten – weiße Schokolade, dunkle Schokolade und Cashewnüsse – habe ich alle verpackungsfrei eingekauft.

Du benötigst noch eine Silikon- oder andere Form (z. B. einen Eiswürfelbehälter), eine Schüssel und einen Löffel.

Abbildung 14: Am besten eignen sich Silikonformen für das Herstellen der Pralinen. Du kannst sie aber auch für viele andere Projekte verwenden.

Zuerst die helle Schokolade in die Schüssel geben – sie muss absolut trocken sein! – und maximal (!) 20 Sekunden in die Mikrowelle stellen (einfach schnell bis 20 zählen). Unbedingt aufpassen! Wenn es zu heiß wird, karamellisiert der Zucker in der Schokolade und die Schüssel kann durch zu viel Hitze an dieser Stelle springen! (Ja, ich hab schon eine Schüssel geschrottet.)

Dann herausnehmen und feste umrühren und noch ein- bis zweimal in die Mikrowelle.

Wenn die Hälfte der Masse flüssig ist, weiterrühren, der Rest müsste sich jetzt mit auflösen. Dann in die Formen verteilen und kurz in den

Kühlschrank stellen, damit die Oberfläche fest wird. Jetzt die gleiche Prozedur mit der dunklen Schokolade wiederholen und die Cashewnüsse auflegen.

Abbildung 15: Die fertig ausgehärteten und aus der Form gelösten Pralinen

Noch einmal so lange in den Kühlschrank stellen, bis die Pralinen so fest sind, dass sie sich leicht aus der Form lösen lassen. Dann nicht mehr in den Kühlschrank, sonst können sich die Zutaten der Schokolade trennen und ergeben unschöne Flecken.

Fertig! Als Verpackung ein sauberes Twist-off-Glas (Marmeladen-Glas) verwenden. Ich habe es noch mit ausgedientem Nagellack beschriftet.

Abbildung 16: Die selbstgemachten Pralinen eignen sich auch sehr gut als kleines Geschenk.

Natürlich könnt ihr die Pralinen auch noch mit Nüssen oder ähnlichem füllen. Oder ihr macht einfach Marzipan selber und drückt kleine Kugeln davon in die untere Schokolade bevor ihr die zweite Schicht oben drauf füllt.

Viel Spaß beim Nachmachen!

Löwenzahnsirup

Die vegane Honig-Alternative! In einem Buch habe ich gelesen, dass man aus Löwenzahnblüten Sirup kochen kann.

Da ich von einer Freundin einen Haufen Bio-Rohrzucker geschenkt bekommen habe und gerade im Garten die Löwenzähne wie verrückt blühten, habe ich mich auch gleich ans Werk gemacht.

Der Löwenzahnhonig ist zugegebenermaßen ziemlich aufwändig, denn man muss zuerst die Blüten trocknen. Und dann werden die gelben Blätter ausgezupft. Eine ziemliche Fieselarbeit! Deshalb ist es wichtig, dass die Blüten etwas angetrocknet sind, dann kann man die Blätter gut vom Rest der Blüte trennen.

Abbildung 17: Die Blüten je nach Temperatur ca. 1-3 Tage trocknen lassen!

Auf einen Liter Wasser solltest Du mindestens die Blätter von drei Handvoll getrockneten Blüten nehmen. Bei mir sind es ungefähr sechs Handvoll geworden. Das Ganze wird dann ordentlich aufgekocht und stehen gelassen bis es abgekühlt und durchgezogen ist. Dann abseihen.

Abbildung 18: Die gelben Blätter müssen vom Rest der Blüte getrennt werden. Das ist aufwändig, lohnt sich aber für einen tollen Geschmack.

Nur die gelben Blütenblätter verwenden. (Sie werden braun, aber das macht nix!)

Jetzt kommt der Zucker dazu. Bei mir ist ein halber Liter Sud entstanden und ich habe 500 Gramm Zucker dazu getan und das ganze auf mittlerer Stufe so lange einkochen lassen bis es ziemlich zähflüssig war.

Hier noch einmal das Ergebnis:

Abbildung 19: Löwenzahn ist nicht bloß ein Unkraut, es lassen sich damit tolle Produkte herstellen!

Den fertigen Sirup habe ich in mehrere kleine Gläser abgefüllt.

Weil ich sehr viele Blüten genommen habe und relativ viel Wasser, ist der Sirup ziemlich intensiv geworden. Ich finde, er schmeckt sehr ähnlich wie Waldhonig. Allerdings habe ich auch nicht so viel Zucker genommen, denn in der Packung waren nur 500 Gramm. Damit ist er auch nicht so extrem süß.

Sprudelbadekugeln

Zum Schluss dieses Kapitels bekommst Du ein kleines Rezept von mir, wie Du prima plastikfreien Badezusatz machen kannst: In Form von Badekugeln!

Abbildung 20: Die Badekugeln bewahrst Du am besten in (recycelten) Schraubgläsern auf. Ich habe sie noch mit alten Nagellackresten verschönert und dabei die Farbe passend zur Duftnote gewählt.

Die fertigen Sprudelbadekugeln sind komplett aus natürlichen Zutaten und in Bio-Qualität hergestellt, wunderbar duftend und praktisch-schön verpackt.

Der Einfachheit halber habe ich die Angaben auch in Menge an gestrichenen Esslöffeln umgerechnet, damit man nicht unbedingt eine Waage verwenden muss. Ich habe auch angegeben, wo Du die Zutaten versandkostenfrei - also im stationären Handel - beziehen kannst.

Dazu brauchst Du:

- 40 g (= 4 EL) Kokosöl (Biosupermarkt)
- 40 g (= 4 EL) Speisestärke (Supermarkt)
- 80 g (= 12 EL) Zitronensäure in Pulverform (Drogerie)
- 120 g Natron (Drogerie)
- und ätherische Öle (Apotheke, Fachgeschäft)

Und so geht's:

1. Kokosöl, falls fest, in einem Topf leicht erhitzen, bis es flüssig ist.
2. Alle anderen Zutaten gut vermischen, dann das Öl hineingießen und alles zu einer Masse „vermanschen“.

Abbildung 21: Silikonformen in verschiedener Ausführung verwende ich für die verschieden Duftarten. Z. B. Blüten für Lavendel-Duft. So kann ich sie später gut unterscheiden.

Das ganze wird mit einem Löffel in Silikonformen (s. Abbildung 21) gepresst oder von Hand zu walnussgroßen Kugeln geformt.

Ca. 24 Stunden fest werden lassen.

Dann die fest gewordene Masse aus den Silikonformen drücken und auf jedes Stück 3-4 Tropfen ätherisches Öl tropfen. Die Stücke in Twist-off-Gläsern im Bad lagern (s. Abbildung 20). So hält sich der Duft und die Badekugeln ziehen keine Feuchtigkeit.

Ich verwende – wie im Bild zu sehen – Rosmarin, Melisse und Eukalyptus. Es passt aber auch z.B. Lavendel ganz gut.

Aber Vorsicht! Ätherische Öle können die Haut reizen. Dafür kann ich leider keine Garantie übernehmen. Sei also vorsichtig! Für Kinder empfehle ich die Badekugeln deshalb gar nicht.

Ich verwende immer 2-3 meiner Blüten/Herzen pro Badewanne.

PS: Bemalung und Beschriftung sind übrigens wieder mit altem Nagellack gemacht.

Tipps fürs Bad

Und nun, liebe Freunde, soll es weiter um das Thema nachhaltiges Bad weitergehen. Ich verrate etwas über meine Morgentoilette, sowie über meine Zero-Waste-Praktiken. Meine Sprudelbadekugeln habe ich ja schon im vorherigen Kapitel beschreiben.

Ein wichtiges Thema ist das „plastikfreie Bad“ bzw. das Sparen von Müll bei der Körperpflege.

Da lässt sich ja einiges an (Verpackungs-) Müll sparen, z.B. durch feste, statt flüssige Seife oder Haar-Seife.

Ich persönlich habe immer schon feste Seife verwendet und stelle sie aus Olivenöl und Natronlauge selbst her.

Olivenöl ist nämlich fast das einzige Öl, das - alleine verseift - zu einer guten Konsistenz der Seife führt. Das Olivenöl dazu kann man sich auch in (Unverpackt-)Läden abfüllen lassen.

Wie das Seifensieden geht, kannst Du im Internet genau nachlesen oder in einem Seifensiedekurs lernen. Sei nur sehr vorsichtig, besonders mit den Augen. Die dürfen auf keinen Fall irgendwelche Spritzer abbekommen!

Hier ein kleiner Blick in mein plastikfrei(er)es Badezimmer:

Abbildung 22: Auch im Bad kannst Du plastikfrei leben

Neben einer plastikfreien Zahnbürste (rechts im Bild), die es in vielen Varianten und mittlerweile auch im Drogeriemarkt zu kaufen gibt, seht ihr mein

Zahnputzpulver

Das folgendermaßen hergestellt wird:

- 1. Ein Esslöffel Natron als Basis
- 2. Zwei Teelöffel Stevia oder Birkenzucker (auch Xylit oder Xylitol genannt) für den Geschmack

- 3. vier Tropfen ätherisches Tea-Tree-Öl für einen leicht antiseptischen Effekt
- 4. vier Tropfen ätherisches Spearmint-Öl oder Pfefferminz-Öl für den Geschmack

Zuerst Natron und Stevia gut miteinander vermengen und dann tropfenweise die ätherischen Öle dazu fügen und noch einmal kräftig umrühren. Dann in ein kleines, luftdicht verschließbares Schraubglas füllen. Fertig!

Wie du im Bild oben erkennen kannst, benutze ich einen kleinen Löffel aus einer Puppenstube, um mir das Zahnputzpulver auf die Zahnbürste zu dosieren. Du kannst aber auch einfach die trockene (!) Zahnbürste ins Glas tupfen, es bleibt genug Pulver in den Borsten hängen

Bienenwachs für Holzzahnbürsten:

Ich finde, die Zahnbürsten können ein bisschen rau sein. Deshalb reibe ich sie bzw. vor allem den Kopf mit Bienenwachs ein.

Dabei kräftig drücken, damit es tief eindringt! Dann kratze ich das überschüssige Wachs wieder mit einem Löffel ab.

Deo-Stein

Auch bei Deo und Kosmetik gibt es viele Möglichkeiten, seinen Verpackungsmüll zu reduzieren. So sehen z.B. meine Morgen-Basics aus:

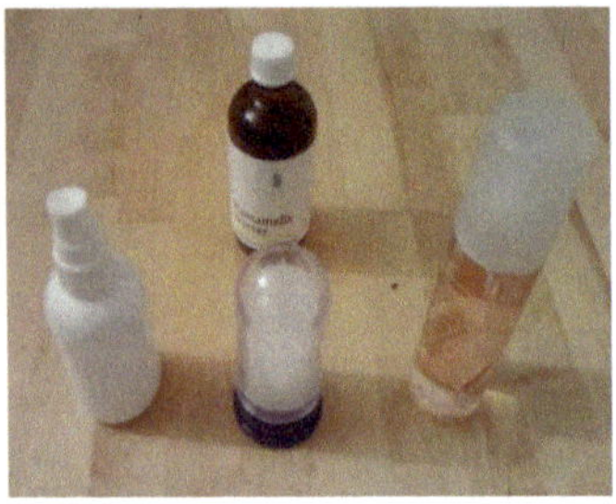

Abbildung 23: Deo-Stein und andere Kosmetik-Utensilien in praktische Sprühflaschen abgefüllt

Ich benutze schon seit einiger Zeit den Deo-Stein, den Du vorne in der Mitte (auf Abbildung 23) sehen kannst. Die Verpackung ist leider aus Plastik, aber angeblich soll das Ding ein Jahr lang halten. Ich benutze es jetzt aber schon über 12 Monate jeden Tag und denke, bei mir wird das noch viiieeeell länger halten!

Im Laden oder im Internet gibt's den Stein ganz ohne Verpackung oder mit Korkhülle.

Der Stein muss angefeuchtet werden, was mit Wasserhahn recht sabberig ist. Deshalb habe ich in einer alten Pumpspray-Flasche (links vorne) herkömmliches Wasser und pflegendes Hamamelis-Wasser (hinten) gemischt und nehme das zum Anfeuchten der Haut.

Dann mit dem Stein darüberstreichen – wunderbar, hält und funktioniert prima.

In der Spray-Flasche rechts vorne ist übrigens mein Gesichtswasser, das eigentlich nur Rosenwasser in Speisequalität ist.

Das Rosenwasser habe ich auch umgefüllt und sprühe es auf (Augen zu!), dann spare ich mir die Watte-Pads. Alles sehr praktisch, nicht? (Näheres dazu auf Seite 66 unter „Rosenwasser".)

Warum ich Rosenwasser verwende?

Rosenwasser duftet nicht nur gut, es ist auch sehr hautpflegend. Man sollte es aber auf jeden Fall in Lebensmittelqualität kaufen!

Die kosmetischen „Rosenwässer", die man in orientalischen Läden bekommt, haben oft nur künstliche Duftstoffe und sind daher nicht pflegend und riechen auch entsprechend unnatürlich.

Mir gefällt das jedenfalls nicht und ich setze auf die Kraft der Natur.

Deos-Spray

Das mit der Natur gilt auch für mein selbstgemachtes Deo-Spray.

Ich habe mittlerweile 5 verschiedenen Varianten kreiert, die ich je nach Laune und Jahreszeit verwende:

Baja:

Herbstliche Komposition aus Jasmin und einem Hauch von Basilikum

Rozéva:

Winterlicher Duft aus Rose mit süßer Vanille und einer zarten Zedernnote

Ziliiw:

Sonniger Sommerduft aus Zitrone und Limette mit einem Hauch von erfrischendem Ingwer

Bovyy:
Frühlingsfrische Blutorange und Orange, versüßt mit Vanille und Ylang-Ylang in der Basis

Benzé:
Orientalischer Duft für den Abend aus Zeder und Benzoe

Ich stelle die Eau de Toilettes auch auf Bestellung frisch her und vertreibe sie über meinen Shop „MUNIQUEAT“ (s. Kontakt im Anhang).

Für eine 10 ml Flasche verwende ich 9 ml Kosmetisches Basiswasser (95% Alkohol) und 1 ml destilliertes Wasser (z. B. jenes, das man für´s Dampfbügeleisen verwendet) sowie einige Tropfen Jojobaöl für länger anhaltenden Duft.

Auf 10 ml Basis verwende Ich für ein Eau de Toilette 20 – 25 Tropfen Ätherische Öle. Deiner Kombinations-Phantasie sind dabei keine Grenzen gesetzt, wie Du an meinen Beispielen sehen kannst.

Du kannst das Jojobaöl auch weglassen und statt des Kosmetischen Basiswassers Weingeist oder vergällten Alkohol (Achtung, riecht durch die Vergällung anders) aus der Apotheke verwenden.

Der vergällte Alkohol hat einen niedrigeren Prozentsatz (70%), deshalb kannst Du hier das Wasser weglassen.

Für die Schönheit

Natürlich kann man sich aus allen möglichen, auch veganen oder Zutaten in Bio-Qualität die verschiedensten Pflege- und Kosmetikproduke selbst anrühren. Es gib unendlich viele Bücher dazu und im Internet findet man die interessantesten oder auch verrücktesten Ideen dazu.

Aber gerade bei Kosmetik ist Sterilität wichtig und das meiste, besonders, wenn man Alkohol vermeiden will, ist nicht lange haltbar.

Außerdem hat man auch hier wieder das Problem, die Zutaten erst aufwändig zusammensuchen und einkaufen zu müssen. Deshalb hier ein paar Beispiele, wie Du es Dir leicht machen kannst, und zumindest einiges der (in viel Plastik verpackten) Produkte sparen kannst.

Aloe Vera

Aloe Vera ist eine wunderbare Pflanze! Außerdem ist ihr "Innenleben", das sogenannte Gel, sehr pflegend für Haut und Haar. Ich habe eine Aloe Vera Pflanze zu Hause und schneide mir ab und an ein Blatt ab.

Wenn Du das Aloe Vera Gel verwenden willst, musst Du erst den gelblichen Saft auslaufen lassen. Am besten einfach abspülen.

Dann schneidest Du den dornigen Rand ab und das Blatt quer in Streifen. Diese teilst Du dann in der Mitte durch, so dass Du zwei Hälften hast, bei denen das Gel direkt frei liegt.

Jetzt kannst Du einfach über Deine Haut oder Deine Haare darüberstreichen und das Gel einwirken lassen. Wenn sich die Oberfläche schon etwas trocken anfühlt, kannst Du auch noch mit dem Messer ein paar Kerben hineinschneiden und bekommst noch mehr von den pflegenden Substanzen ab.

Rosenwasser

Das Rosenwasser sehr hautpflegend ist, habe ich ja schon geschrieben, als ich Dir meine Deo-Produkte vorgestellt habe. Es ist wirklich eine wunderbare Sache für die Haut. Ich verwende es z. B. auch sehr gerne bevor ich jegliches Make-up auftrage um der Haut noch einmal richtig viel Feuchtigkeit zu spenden.

Auch für den Körper zu Erfrischung finde ich es prima, wenn man es einfach aufsprüht und ein bisschen einreibt.

Wie ich schon geschrieben habe, kaufe ich aber immer welches in Lebensmittelqualität, das man auch zum Kochen verwenden kann. So kann man sicher sein dass es nicht irgendein künstliches Duftwässerchen ist, das die wichtigen pflegenden Inhaltsstoffe gar nicht enthält.

Eier-Haarkur

Ja wieso denn eine Haarkur mit Eiern? "Eier, das ist doch was zum Essen!", denkst du jetzt vielleicht. Aber der Punkt ist: Unsere Haare verlieren nicht nur Feuchtigkeit und anderen Nährstoffe sondern auch Proteine in den Haarspitzen mit der Zeit.

Deshalb ist es wirklich eine ganz tolle Sache, nach dem Haare waschen oder wenn Du in der Badewanne liegst, Dir ein verquirltes Ei in die Haare zu kneten. Dann kannst Du es noch mit einem Handtuch, das Du sowieso in die Wäsche geben willst, einwickeln.

Das Ei etwas einziehen lassen.

Oft ist es ja so, dass Dir sowieso beim Kochen oder Backen entweder Eigelb oder Eiweiß übrig bleibt. Das kannst du natürlich auch verwenden.

Ich lasse es immer so lange einwirken wie ich in der Badewanne liege oder nach dem Duschen so 10 Minuten. Danach wieder gründlich mit warmem Wasser ausspülen. Genieße die jetzt wunderbar weichen und frischen Haare!

Ich finde, dass nach der Haarkur mit den Eiern die Haare ein bisschen komisch riechen können. Deshalb sprühe ich sie mir ein bisschen mit Essigwasser ein. (Dafür

kannst du den Essigreiniger auf Seite 75 verwenden.) Ich spüle den Essig noch mal mit kaltem Wasser aus den Haaren, dann ist eigentlich der Geruch immer verschwunden.

Abschminköl

Über die guten Eigenschaften von Rosenwasser habe ich ja schon geschrieben. Hier ein wunderbares Rezept. Wieder aus ganz natürlichen Zutaten, die Du sogar essen kannst.

Du nimmst:

- 1 Esslöffel Rosenwasser,
- 1 Esslöffel Kokosöl.
- evtl. 1 Prise Guarkernmehl
- evtl. 1-2 Tropfen ätherisches Öl

Zucrst musst Du das Kokosöl im Wasserbad schmelzen. Dann rührst du das Rosenwasser hinein.

Jetzt den Behälter mit beidem am besten in eiskaltes Wasser stellen und weiter rühren, bis das Kokosöl wieder fest ist und sich beides verbunden hat. Du kannst die Mischung natürlich auch in den

Kühlschrank stellen und immer wieder umrühren.

Es ist jedenfalls wichtig, dass du viel umrührst, während das Kokosöl wieder aushärtet, damit beide Zutaten verbunden bleiben. Wenn Du willst, dass sich beides besser verbindet, kannst Du auch ein bisschen Guarkernmehl in die Mischung geben. Aber nur eine Prise, denn es hat eine sehr stark Gel-bildende Wirkung.

Für einen angenehmen Duft kannst Du auch noch 1 - 2Tropfen ätherisches Öl zugeben, das aber gut hautverträglich sein muss. Ich habe z.b Ylang-Ylang verwendet. Bei empfindlicher Haut solltest Du es besser weglassen.

Wenn Du ein kühles Badezimmer hast, kannst du das Abschminköl dort lagern, ansonsten besser im Kühlschrank.

Gesichtspeeling – ganz schnell

Ein wirklich schnelles Gesichtspeeling machst Du aus Acetylsalicylsäure, sprich: Aspirin.

Zerdrücke eine Tablette mit einem großen Esslöffel oder verwende dafür einen Mörser und Stössel. Das Aspirin-Pulver in der Handfläche mit etwas Wasser anrühren und dann mit den Fingerspitzen in kreisenden Bewegungen über das Gesicht gehen.

Mit kalten Wasser abspülen.

So hast Du ein kombiniertes Peeling aus milder Säure und Reibstoffen.

Haarspitzen-Fluid

Wie schon weiter oben erwähnt verlieren unsere Haare mit der Zeit Feuchtigkeit und Nährstoffe. Besonders die Spitzen sind sehr belastet.

Deswegen hier ein Tipp für ein schnelles einfaches Haarspitzen-Fluid.

Dafür brauchst Du:

- 1 Teelöffel bis Esslöffel voll Kokosöl (je nach Länge und Fülle Deiner Haare),
- 1 bis 2 Prisen Zimt

Die beiden Zutaten verrührst Du gut und knetest sie in Deine Haarspitzen. Am besten über Nacht einwirken lassen und am nächsten Tag mit Shampoo auswaschen.

Roggenmehl-“Trocken“Shampoo

Roggenmehl ist ja schon als Shampoo bekannt bei einigen Leuten. Diese rühren es aber mit Wasser an und geben sich dann diese Pampe ins Haar. Dafür kann ich mich nicht begeistern.

Aber ich habe eine andere Methode entdeckt, wie man Roggenmehl zum Haarewaschen noch verwenden kann:

Ich habe es einfach in eine alte Plastikdose, in der einmal Kräuter waren, getan. Ich meine diese, bei denen man verschiedene große Öffnungen hat. Ich pudere mir das Roggenmehl einfach auf die trockenen Haare, besonders auf die Stellen, die fettig sind und lasse es etwas einwirken. Dann mit viel warmen Wasser ausspülen.

Wichtig! Nimm auf keinen Fall Vollkorn-Roggenmehl, denn sonst hast du die ganzen Spelzen im Haar. Das Mehl sollte wirklich gut ausgemahlen sein, damit es keine Schwierigkeiten gibt beim Ausspülen.

Kaffeesatz

Kaffeesatz kann als Scheuermittel, tönendes Shampoo für braunes Haar und sogar als Körperpeeling benutzt werden.

Mein Tipp ist, ihn als selbstgemachte Haartönung bzw. Shampoo (da mit reinigender Wirkung) für braunes Haar zu verwenden.

Es ist wirklich ganz einfach: Du nimmst einfach Kaffeesatz oder lässt ihn Dir von jemandem schenken. Er muss unbedingt getrocknet werden und in ein luftdicht verschließbares Schraubglas abgefüllt werden, damit er nicht anfängt zu schimmeln.

Den Kaffeesatz nach dem Haarewaschen - oder um die Haare sanft zu reinigen - in die nassen Haare kneten und einige Minuten ziehen lassen. Gründlich ausspülen!

Diese natürliche Tönung und Schampoo soll auch einen positiven Effekt auf das Haarwachstum haben wegen des Koffeins im Kaffeesatz.

Abbildung 24: Wichtig: Der Kaffeesatz muss unbedingt gut getrocknet sein, bevor Du ihn abfüllst!

Ich bewahre den Kaffeesatz in einem Schraubglas im Bad auf. Dann habe ich ihn immer griffbereit.

Ökologisch rein: Wasch- und Putzmittel

Reinigungsmittel: Davon braucht man viel weniger als man denkt!

Am nachhaltigsten sind selbst gemachte Reinigungsmittel aus Essig, Zitronensäure, Soda, Natron (= Speisenatron) und Kernseife.

Natron, Essig(essenz), Waschsoda, Zitronensäure und Gallseife bzw. selbstgemachte Olivenölseife können viele Putzmitteln und Waschmittel ersetzen und man spart einen Haufen Verpackungsmüll, wenn man große Gebinde kauft, die ewig halten.

Essigessenz gibt's umweltfreundlich in der Glasflasche, und wie Du selbstgemachte Olivenölseife herstellst, kannst Du im Internet nachlesen oder in einem Seifensiedekurs lernen.

Die genannten Zutaten sind biologisch abbaubar, enthalten kein Mikro-Plastik und Du sparst wie gesagt einen Haufen Verpackungsmaterial. Außerdem ist jedes Rezept ganz schnell zusammengerührt.

Zitronenschalen

Falls Du einmal zu einem spontanen Frühjahrsputz animiert wirst, habe ich hier einen easy Tipp für Dich:

Die Rückstände von Kaffee und Tee werden auch in der Spülmaschine nicht vollständig entfernt. Sie setzen sich gerne sichtbar in hellen Tassen ab. Durch die Säure der Zitrone lässt sich der braune Belag aber perfekt entfernen. Und auch klebrige Flecken, zum Beispiel am Küchenboden, lösen und entfernen sich damit in Null-Komma-Nix.

Einfach eine ausgepresste Zitronenschale nehmen, evtl. mit Salz bestreuen und die Tasse damit ausreiben bzw. den Boden schrubben. Dabei die Innenseite zum Lösen verwenden. Mit der Außenseite kann man noch nachschrubben – fertig.

Bei mir jedenfalls werden Zitronenschalen nicht mehr weggeworfen. Im Gegenteil, ich sammele sie sogar in einer Box im Tiefkühlfach.

Für den spontanen Gebrauch tauche ich sie einfach kurz in warmes Wasser um sie aufzutauen.

Essigreiniger

Mein zweiter Tipp für Dich ist selbstgemachter Essigreiniger, den ich aus Essigessenz und normalen Wasser zusammenmische:

Ich nehme für den Essigreiniger 50 ml (= ca. 4-5 Esslöffel) Essigessenz und 250 ml Wasser. Oder Du nimmst entsprechend jeweils die Hälfte, wenn Du weniger brauchst. Einfach mit Esslöffel und geeignetem Gefäß abmessen und in eine Sprühflasche füllen (s. Abbildung 25).

Abbildung 25: Essigreiniger ist schnell selbst angemischt

Ok, die Flasche ist aus Plastik. Dafür ist die Essigessenz sehr ergiebig und wird in einer Glasflasche verkauft. Man spart also zumindest Plastik bei der Verpackung.

Ich verwende es zum Putzen im Bad. Hier im Voralpenland haben wir sehr kalkhaltiges Wasser, das Flecken verursacht, die durch die Essigessenz sehr schnell gelöst werden.

Geschirrspülmittel

Geschirrspülmittel für die Geschirrspülmaschine mische ich mir auch immer aus meinen Klassikern für den Haushalt selbst an.

Ich verwende dazu nur zwei Zutaten:

- 60 g (6 gestrichenene EL) Zitronensäurepulver
- 90 g (8-9 gestrichenene EL) Waschsoda

oder gleich die doppelte oder dreifache Menge auf Vorrat.

Bei stark fettigem Geschirr lasse ich das Vorprogramm laufen und füge schon einen Esslöffel voll direkt in die Maschine. Ansonsten einfach das Spülmittelfach voll Pulver machen.

Waschpulver

Waschpulver lässt sich aus wenigen Zutaten schnell selbst herstellen. Und zwar aus drei meiner "Grundzutaten“ und normalem Spülmaschinensalz.

Hier das genaue Rezept:

- 150g Speisenatron
- 150g Waschsoda

- 100g Kernseife - sehr fein gerieben! oder gleich gekaufte Kernseifenflocken
- 100g Spülmaschinensalz

Wichtig ist, dass die Kernseife sehr fein gerieben ist, denn sonst löst sie sich gerade bei niedrigen Temperaturen nicht gut auf! Es bleiben dann Flecken auf der Kleidung. Das ist besonders blöd bei schwarzen Kleidungsstücken.

Vermenge alle Zutaten miteinander. Je nach Verschmutzungsgrad der Wäsche kannst Du 1-1,5 EL Waschpulver in die Kammer für den Hauptwaschgang geben. Falls Du sehr hartes Leitungswasser hast, wie hier in meiner Stadt evtl. sogar mehr.

Feine Materialien wie zum Beispiel Seide solltest Du jedoch nicht mit diesem Waschpulver behandeln. Es ist nur für robuste Materialien geeignet!

Wenn ich z. B. mein Spülmaschinen-Pulver mische, brauche ich gar nicht umzurühren.

Ich schichte einfach die Zutaten in den Behälter und mische dann wie folgt (s. dazu auch Abbildung 26):

1. Deckel gut schließen
2. Mit beiden Händen oben und unten festhalten und in eine Richtung entlang der Mittelachse drehen
3. Dabei die Hände abwechselnd senken und heben, so dass eine zusätzliche wiegende Bewegung zu beiden Seiten entsteht

Abbildung 26: Drehen & Wiegen: So vermischst Du ganz einfach pulverige Zutaten.

Bisschen kompliziert? Auf meinem Vlog (auf YouTube)findest Du auch ein Video, wie das genau aussieht:

https://www.youtube.com/shorts/0mz3O5L_9vQ

Efeu für die Wäsche

Wenn Du einmal ein ganz natürliches und auch kostenloses Waschpulver ausprobieren willst, empfehle ich Dir, Efeublätter zu verwenden. Du kannst sie frisch verwenden (am besten ein bisschen kleinschneiden) und einen Sud daraus kochen und als Flüssigwaschmittel verwenden, oder Du kannst sie trocknen.

Die getrockneten Blätter kann man zerdrücken und in einem Schraubglas aufbewahren. Ich stecke sie aber, wenn sie schon ganz trocken sind, noch in den Mixer.

Achtung! Man sollte die staubigen Dämpfe, die beim Öffnen entweichen, nicht einatmen!

Ich erhalte so ganz praktisch anwendbares Pulver. Dieses bewahre ich auch in einem Schraubglas auf. Als Pulver nimmt der Efeu einfach am wenigsten Platz weg. Ich verwende einige Esslöffel voll davon pro Waschmaschinenladung.

Das Pulver wird in einem gut verschließbaren Beutel oder einfach in einer alte Socke, die zugeknotet wird, direkt in die Waschtrommel gegeben.

Dieses Waschmittel ist zugebenermaßen nicht sehr stark, aber für nur leicht verschmutzte Wäsche reicht es aus.

Nachhaltige Alternativen schnell gemacht

Wer nachhaltig leben will, hat dann einen Vorteil, wenn sie/er gerne Dinge selber macht. Nicht nur bei den Rezept-Ideen, die ich Dir bis jetzt vorgestellt habe.

Kochen und Backen tun ja die meisten sowieso. Wer dazu noch ein wenig handwerklich interessiert und auch versiert ist, bastelt sich auch ganz schnell ein paar nachhaltige Utensilien selbst.

Bei den folgenden Inspirationen braucht es dabei auch gar keine Jahrzehnte lange Übung oder Erfahrung.

Taschentücher

Nachhaltigkeit auch für Schnupfennasen: Eine schöne DIY-Idee für Dich, mit der Du Dir die vielen, in Plastik verpackten Papier-Taschentücher sparen kannst. Stofftaschentücher können schnell genäht werden oder Du besorgst Dir second hand Häkeltaschentücher, die Du Dir – wenn noch nicht behäkelt – selbst gestalten kannst.

Das Ergebnis kann sich sehen lassen: Schnell genähte Stoff-Taschentücher aus weißen Stoffresten, mit der Overlock-Nähmaschine versäubert. Geht aber auch mit einfachem Zickzack-Stich oder per Hand. (s. Abbildung 27)

Abbildung 27: Selbstgenähte Taschentücher mit buntem Rand

Einfach weiche weiße (oder auch bunte) Stoffreste zu Quadraten zurechtschneiden und mit der Nähmaschine oder per Hand versäubern. Ich habe dazu bunten Faden und die Overlock-Maschine genommen.

Mein zweiter Tipp: Die klassischen eingehäkelten Taschentücher. Ich habe die Muster etwas vereinfacht und dicken Nähfaden statt extra neugekauftes Garn verwendet.

Man findet sie tatsächlich noch in der Handarbeitsabteilung der Kaufhäuser zu kaufen oder – besser, da nachhaltiger - auch second hand im Internet. Das grün umhäkelte Taschentuch (s. Abbildung 28) ist z.B. noch aus DDR-Zeiten und ich habe es auf eBay gefunden. Ich habe noch dickes Nähgarn zu Hause gehabt und es zum Häkeln verwendet.

Ein Vorlagenbuch für Spitzen habe ich bei Amazon gefunden.

Abbildung 28: Nur für etwas geübte: Stofftaschentücher, die selbst umhäkelt sind.

Wenn Du nicht häkeln kannst oder keine Lust dazu hast, gibt es die Dinger auch „vintage“ mit fertiger Spitze zu kaufen. Oder einfach normale Stofftaschentücher. Das hat dann natürlich keine so persönliche Note, aber Hauptsache nachhaltig, oder?!

Küchentücher

Küchenrollen sind praktisch, aber Stofftücher funktionieren genauso gut und sind wiederverwendbar.

Saugstarke, waschbare Küchentücher schneide ich aus alten T-Shirts, die dankenswerter Weise aus Strickware bestehen und deswegen nicht ausfransen. Ich schneide an den Ecken noch Löcher zum Aufhängen ein.

Wenn Du es schöner haben willst, nähe Knopflöcher in bunten Farben in die Ecken, dann findest Du das Aufhäng-Loch auch einfacher.

Tragetasche aus T-Shirt

Hier eine kleine Bastelanleitung ganz ohne Nähen! Aus einem alten T-Shirt entsteht einfach und schnell eine kleine Einkaufstragetasche.

Abbildung 29: Ohne Nähen: Du brauchst nur eine gute Stoffschere und viele Knoten.

Die Ärmel und den Halsausschnitt eckig abschneiden. Dann unten die Fransen einschneiden und jeweils eine Franse von oben und unten verknoten (s. Abbildung 29).

Abbildung 30: Fertig geknotete Tasche

Damit die Träger besser halten und nicht die Naht dort aufgeht, auch hier die Naht abschneiden (dann sparst du dir das mühsame Auftrennen) und die Enden verknoten.

Fertig!

Abbildung 31: Hier die fertige No-Sew-Tragetasche!

Um das Ganze noch aufzuhübschen habe ich die Tasche mit einer selbstgemachten Schablone und Stoffmalfarbe verschönert.

„Black"-Cycling

Kleidungsstücke lange nutzten ist die nachhaltigste Methode um mit Mode umzugehen.

Ich habe mich natürlich auch mit dem Thema Bekleidung beschäftigt, und es ist mir aufgefallen, dass ich Kleidungsstücke habe, die ich wegen ihrer Farbe nicht trage. Sie passen auch nicht zum Rest meiner „Garderobe“

Also habe ich den einfachen Trick angewandt und alles in der Waschmaschine schwarz gefärbt, denn Schwarz passt mir als Wintertyp definitiv immer! Und es funktioniert auch bei Kleidungsstücken, die blöde Flecken bekommen haben.

Aber ACHTUNG:

Färben lassen sich so nur Baumwolle, Viskose, Leinen und Mischgewebe, wobei Synthetik-Fasern nicht mitgefärbt werden. Für Seide und Wolle (ausgeschlossen sind Mohair, Kaschmir und Angora) gibt es von Simplicol eine extra Farbe.

Hier meine Klamotten in den Ursprungsfarben:

Abbildung 32: Vor dem Färben

Und hier die Ergebnisse im Vergleich:

Abbildung 33: Nach dem Färben

Wie Ihr seht, werden Nähte aus Synthetikfasern sowie alle Stoffe und Applikationen auf Synthetik-Basis nicht mitgefärbt.

Auch ist das rote Longsleeve-Shirt (s. Abbildung 34) nicht ganz schwarz geworden wegen des (immer synthetischen!) Stretch-Anteils.

Übrigens: Die kitschigen Blümchen auf dem Slip sind nur noch total unauffällig vorhanden.

Abbildung 34: Synthetikfasern werden nicht mitgefärbt!

Es ist also immer ein bisschen eine Überraschung, was bei der Färbung herauskommt. Mir gefallen meine Ergebnisse aber eigentlich immer!

„White"-Cycling

Was ist das denn nun schon wieder?

Keine Sorge, ich habe mir nur einen kleinen Scherz erlaubt! Ein neues Wort erfunden, sozusagen, weil ich das „Cycling" so toll finde und betonen wollte.

Eigentlich ist hiermit ein ganz banaler Vorgang gemeint, nämlich: Bleichen. Bleiche ist zwar chemisch nicht ganz so toll. Dafür gibt's aber Bleichpulver sehr günstig und wenig verpackt in Deinem Drogeriemarkt.

Da beim Flecken wegbleichen meist auch die Farbe des Kleidungsstücks mit aufgehellt wird, ist es also am besten, man hellt gleich das ganze Kleidungsstück auf. Man macht es also „weißer", White-Cycling eben. :-)

Besonders gut geht das natürlich bei hellen Kleidungsstücken. Du kannst aber auch gezielt nur bestimmte Stellen an Deinem Kleidungsstück heller werden lassen. Quasi wie umgekehrtes Batiken.

Danksagung & Auf Wiedersehen

Ich bedanke mich bei meinem Ehemann für das geduldige Ertragen meine Experimente in Küche und Bad. Ebenfalls bedanken möchte ich mich bei allen, die sich bereitwillig mit mir über meine Rezepte und Ideen ausgetauscht haben. Besonderen Dank auch an alle, die diese Buch oder auch nur einen Teil davon durchgelesen und die Rechtschreibung nach bestem Wissen und Gewissen korrigiert haben. Insbesondere ist hierbei Moira Thiele zu nennen.

Und nun hoffe ich, dass bei meinen Ideen und Rezepten ordentlich was dabei war für Dich. Ich bedanke mich für´s Lesen und wünsche Dir viel Spaß und Erfolg beim Kochlöffel-Schwingen und sonstigem Ausprobieren!

Anhang

Rechtliche Hinweise:

Haftungsausschluss:

Die Verwendung der in diesem Buch gegebenen Informationen und deren Umsetzung erfolgt aus ausdrücklich auf eigenes Risiko. Die Autorin kann für etwaige Schäden und Unfälle jeglicher Art, die sich aus der Zubereitung der Rezepte ergeben, aus keinerlei Rechtsgrund die Haftung übernehmen.

Die in diesem Buch angegebenen Angaben, Anregungen, Vorschläge, Rezepte und Informationen wurden von der Autorin und dem Verlag sorgfältig geprüft, trotzdem kann eine Garantie nicht übernommen werden. Die Arbeitsanweisungen in diesem Buch entbinden nicht von der individuellen Umsichts- und Sorgfaltspflicht.

Die Angaben in diesem Buch erfolgen deshalb ohne jegliche Gewährleistung seitens der Autorin, der Redaktion oder des Verlages und des Handels. In keinem Fall können diese für mögliche Schäden bezüglich möglicher Nachteile der gegebenen Hinweise, Informationen oder Ratschläge haften.

Die Autorin übernimmt keinerlei Gewähr oder Haftung für die Aktualität, Korrektheit, Vollständigkeit und Qualität der bereitgestellten Informationen. Weiterhin beruht der Inhalt dieses Werkes auf persönlichen Erfahrungen und Meinungen der Autorin.

Impressum

Isa Broxvall

c/o SinnVoll

Menzinger Str. 68

80992 München

Deutschland

https://linksgruenversifft.club

https://muniqueat.com

kontakt@muniqueat.com

Literaturtipps:

<u>Basteln:</u>

Gabriele Klink:

66 Bastelaufgaben mit Recycling-Material: Kreatives Gestalten mit alten Dosen, PET-Verpackungen & Co. (1. bis 4. Klasse),

2. Auflage

Gerlinde Auenhammer, Marion Dawidowski, Angelika Kipp:

Deko-Ideen NATUR: Schönes zum Selbermachen

Geschenke:

Ina Mielkau:

Einfach nachhaltig – verpacken, schenken, aufbewahren: Mit plastikfreien DIYs, Zero-Waste- und Re-Use-Projekten – Wiederverwenden statt verschwenden! – Lebe nachhaltig!

Uwe Klein & Meli Danhofer:

Mach Dein eigenes Parfum: Anleitung für individuelle Duftkreationen und viel Wissenswertes rund um die edlen Düfte

Haushalt/Kochen:

Vincent Fricke:

Leftover: In deinem Kühlschrank steckt mehr, als du denkst | so schnell und einfach ist Resteverwertung | clever und nachhaltig kochen | Zero Waste Kochbuch mit vielen kreativen Rezepten

Verbraucherzentrale NRW (Herausgeber)

Kreative Resteküche: Einfach-schnell-günstig

„Selbermachen"-Reihe aus dem Smarticular Verlag:

smarticular Verlag (Herausgeber):

Selber machen statt kaufen – Geschenke: Über 100 Anleitungen und Ideen für selbst gemachte Geschenke von Herzen

smarticular Verlag (Herausgeber):

Selber machen statt kaufen – Küche: 137 gesündere Alternativen zu Fertigprodukten, die Geld sparen und die Umwelt schonen

smarticular Verlag (Herausgeber):

Selber machen statt kaufen - Haut und Haar - 2. Auflage, aktualisierte, erweiterte Ausgabe: 137 Rezepte für natürliche Pflegeprodukte, die Geld sparen und die Umwelt schonen

->Alle diese Bücher findest Du bei Amazon, meist auch als ressourcenschonendes Kindle eBook.

Links:

Mehr von mir, meinen Ideen und Rezepten findest Du auf meinem Blog, dem Club für „Linksgrünversiffte".

Ich freue mich über Kommentare, Ideen und regen Austausch.

Links Gruen Versifft

Der Nachhaltigkeitsblog für Kreative

www.linksgruenversifft.club

Mein Shop für Selbstgemachtes, auf dem Du meine Duftsprays bestellen kannst:

www.muniqueat.com

oder

www.etsy.com/shop/muniqueat

Mein Shop für Selbstgemachtes, auf dem Du meine Duftsprays bestellen kannst:

www.muniqueat.com

oder

www.etsy.com/shop/muniqueat

Du findest mich auch auf Social Media:

Instagram:

https://www.instagram.com/lgv_club/

Facebook:

https://www.facebook.com/lgvmuc

YouTube:

https://www.youtube.com/@lgvtv

Platz für Deine Notizen:

Printed in Poland
by Amazon Fulfillment
Poland Sp. z o.o., Wrocław

43767812R00060